BEI GRIN MACHT SICH IHR WISSEN BEZAHLT

- Wir veröffentlichen Ihre Hausarbeit, Bachelor- und Masterarbeit

- Ihr eigenes eBook und Buch - weltweit in allen wichtigen Shops

- Verdienen Sie an jedem Verkauf

Jetzt bei www.GRIN.com hochladen und kostenlos publizieren

Bibliografische Information der Deutschen Nationalbibliothek:

Die Deutsche Bibliothek verzeichnet diese Publikation in der Deutschen National-
bibliografie; detaillierte bibliografische Daten sind im Internet über http://dnb.d-
nb.de/ abrufbar.

Impressum:

Copyright © 2006 GRIN Verlag, Open Publishing GmbH
Druck und Bindung: Books on Demand GmbH, Norderstedt Germany
ISBN: 978-3-668-20408-9

Dieses Buch bei GRIN:

http://www.grin.com/de/e-book/277914/die-vorsokratiker-und-die-zenonschen-
paradoxien-der-bewegung

Nadine Kästner

Die Vorsokratiker und die Zenonschen Paradoxien der Bewegung

GRIN Verlag

GRIN - Your knowledge has value

Der GRIN Verlag publiziert seit 1998 wissenschaftliche Arbeiten von Studenten, Hochschullehrern und anderen Akademikern als eBook und gedrucktes Buch. Die Verlagswebsite www.grin.com ist die ideale Plattform zur Veröffentlichung von Hausarbeiten, Abschlussarbeiten, wissenschaftlichen Aufsätzen, Dissertationen und Fachbüchern.

Besuchen Sie uns im Internet:

http://www.grin.com/

http://www.facebook.com/grincom

http://www.twitter.com/grin_com

Inhaltsverzeichnis

0. Einleitung

Die antike griechische Philosophie ist die geistig-kulturelle Wiege des abendländischen Denkens. Wesentliche Begriffe und Disziplinen des heutigen Philosophierens stammen aus der Antike. Von den Begriffen wären zu nennen: Materie, Geist, Substanz und Akzidenz, Kategorie, Hypothese, Theorie und Axiom; unter Disziplinen haben seit Platon bzw. Aristoteles die Ethik, die Metaphysik und die Logik ihren Ort im philosophischen Diskurs gefunden. Des Weiteren kann man auch sehen, dass die verschiedenen Typen philosophischen Denkens, wie Idealimus, Realismus, Skeptizismus und Materialismus in der Antike bereits entwickelt sind.

Es zeigt sich, dass in der griechischen Philosophie die weltanschaulichen Denkmöglichkeiten weitgehend erschöpft sind, die grundsätzlichen Probleme aufgefunden und Wege zu ihrer Lösung gewiesen wurden, die wir heute noch gehen.

Die vorliegende Arbeit soll einen kurzen Überblick über die Vorsokratiker und ihren wichtigsten Vertretern geben, bevor ausführlich über die Eleaten gesprochen wird. Hauptteil der Arbeit wird Zenon von Elea und seine Bewegungsparadoxien sein.

1. Die Vorsokratiker - ein kurzer Überblick

Die Vorsokratiker gelten als Begründer der griechischen Philosophie und gaben somit dem europäischen Denken die erste Gestalt, indem sie es vom religiös-mythischen Bezug ablösten. Wir verdanken ihnen die Begriffe des Seins, des Stoffes, der Unendlichkeit, der Zahlen, der Bewegung, der Zeit, des Raumes und entscheidende Grundlagen bezüglich Gott (Theologie), dem Seienden an sich (Ontologie), dem menschlichen (Anthropologie) und dem außermenschlich Seiendem (Naturphilosophie).

Die meisten Vorsokratiker waren ebenfalls Physiker und / oder Astronomen. So berichten Historiker Herodot Thales von Milet habe die Sonnenfinsternis anno 585 v. Chr. seinen Zeitgenossen vorausgesagt. Der unmathematische Philalaos, der seinen Sinnen misstraute, setzte die Erde in Bewegung. Einen sehr wichtigen Platz in den Betrachtungen der Vorsokratiker nimmt die Entstehung der Welt aus der Ursubstanz oder dem Urelement ein. So entstand laut Thales die Welt aus Wasser, laut Anaximenes aus dem Unendlichen (apeiron) der Luft, und laut Heraklit aus Feuer.

Man unterscheidet die Vertreter der älteren ionischen Naturphilosophie, die Schule von Pythagoras, die Eleaten, die Philosophie Heraklits und die jüngere Naturphilosophie, zu denen der Atomismus gehört. Die „Geburtsstunde" der Vorsokratiker ist in den griechischen Städten Ioniens zu finden. Die Gründung der ionischen Schule durch Thales von Milet wird als der Beginn der vorsokratischen Philosophie angesehen.

Die Vorgänge der Natur versuchte Thales mittels rationaler Begründung, dem Logos, zu erklären.

Xenophanes ist der Begründer der Eleaten (Elea ist eine kleine Stadt in Süditalien) und soll Schüler von Anaximander gewesen sein. Somit setzt die Schule und Tradition der Eleaten Lehren der ionischen Schule fort. Die Philosophie von Xenophanes ist sowohl Theologie mit einer starken Auseinandersetzung und Kritik des nicht zuletzt von Homer und Hesiod überlieferten Götterglaubens, als auch eine skeptische Erkenntnistheorie. Entgegen der überlieferten anthropomorphistischen Mythologie entwickelte er in seinen Elegien und Spottgedichten ein pantheistisches Gottesbild, demzufolge Gott ein allesdurchwaltender Geist sei (Monotheismus). Darauf basierend stellt Parmenides die Frage zwischen dem Verhältnis von Denken und Sein: „Das Denken und Sein ist eins". Somit bezeichnet man Parmenides als den Begründer der Ontologie. Das wahre Sein (Eon), die Wirklichkeit, ist unvergänglich, ewig, unteilbar und unbeweglich. Nichts, was ist, kann entstehen oder vergehen ins Nichts. Daher sind kein Wechsel oder Bewegung möglich. Zenon von Elea, seinen Schüler, betrachten wir im nächsten Kapitel noch näher.

Heraklit lehrt die Veränderlichkeit des Seins, „alles fließt - panta rhei". Zu den jüngeren Naturphilosophen gehören Empedokles, Anaxagoras und die Vertretern des Atomismus an. Empedokles setzt sich für einen theologischen Pluralismus ein und sieht in den vier Elementen den Urgrund aller Dinge. Die wichtigsten Fragmente Heraklids sind: „Der Krieg ist der Vater aller Dinge" und „Niemand kann zweimal in denselben Fluß steigen".

Als **Vorsokratiker** werden innerhalb der Philosophie der Antike diejenigen antiken griechischen Philosophen bezeichnet, deren Leben und Werk in die Zeit *vor* Sokrates (469 v. - 399 v. Chr.) fällt. Die Vorsokratiker stellen den Beginn der abendländischen Philosophie dar. Da von den wenigsten unter ihnen die genauen Lebensdaten bekannt sind, wird in der Regel die so genannte Blütezeit verzeichnet, das heißt die ungefähre Zeit ihres Wirkens. Von ihren Werken sind fast ausschließlich Fragmente überliefert, die zumeist in der Form von Zitaten oder Doxographien in Werken späterer Autoren zu finden sind.

Der Begriff *Vorsokratiker* gründet auf dem berühmten Diktum Ciceros, Sokrates habe die Philosophie vom Himmel auf die Erde geholt (s. Sokratische Wende). Die Einteilung der Philosophieschulen auf dieser Grundlage ist aus verschiedenen Gründen problematisch. Der wichtigste Grund besteht darin, daß der Weg von der Ontologie zur praktischen Philosophie, den Cicero in seinem Diktum umschreibt, nicht zuerst von Sokrates begangen wurde, sondern bereits von den Sophisten. Allerdings hat die Einteilung eine derart große Resonanz erlangt, dass sie sich durchgesetzt hat und nach wie vor benutzt wird.

3

Die Vorsokratiker beschäftigten sich vor allem mit Naturphilosophie, Theogonie sowie Kosmogonie und formulierten die Grundfragen der Philosophie. Eine zentrale Frage, die - ähnlich den modernen Kosmologen - vor allem die älteren Vorsokratiker beschäftigte, war die nach der *arché*, dem Urgrund oder Anfang, aus dem alles entstanden sei.

Zu den Vorsokratikern werden folgende Schulen und Philosophen gerechnet:

1.1. Die vorsokratischen Philosophen

1.1.1. Die Sieben Weisen

Thales von Milet

Mit den sieben Weisen beginnt die antike griechische Philosophie, allerdings waren nicht alle sieben Weisen auch Philosophen, es waren nicht einmal nur sieben, verschiedene Quellen sprechen von jeweils anderen sieben Weisen, insgesamt werden 22 genannt, die meisten Quellen nennen allerdings übereinstimmend Thales, Bias, Solon und Pittakos. Gebräuchlich ist die Zurechnung Platons:

- Thales von Milet, Kaufmann, Mathematiker und Naturphilosoph,
- Bias von Priene, Herrscher seiner Heimatstadt,
- Solon von Athen, Dichter, Philosoph und verdienter Politiker,
- Pittakos von Mytilene, Herrscher von Lesbos,
- Kleobulos von Lindos, Herrscher von Rhodos,
- Myson von Chenai, ein Bauer, und
- Chilon von Sparta, Mitglied des obersten Kontrollorgans, des *Ephorats*.

1.1.2. Die drei Milesier (Ionische Philosophie)

Das frühe Zentrum der griechischen Philosophie war die ionische Stadt Milet an der Westküste Kleinasiens, gemeinsames Motiv der milesischen Philosophen war die Suche nach einem Urstoff (Arché), aus dem letztliche die Welt bestünde und aus dem die Entstehung der Welt erklärt werden kann. Thales nahm als Urstoff das Wasser an; sein Schüler Anaximander postulierte stattdessen das „Unendliche" (Apeiron) eine Art unausgeprägte Materie, aus der heraus zuerst warm und kalt entstanden sind, aus deren Widerstreit alles weitere hervorgeht, wobei alle Dinge auch wieder in das Apeiron zurückkehren, indem sie vergehen. Dieses Unendliche wird übrigens von den Naturphilosophen durchaus stofflich gedacht. Anaximanders Schüler Anaximenes wird wieder weniger abstrakt und nimmt als Urstoff die Luft an.

1.1.3. Die Pythagoreer

Pythagoras von Samos gründete in der griechischen Kolonie Kroton die erste philosophische Schule in Form einer Gemeinschaft. Die ionischen Naturphilosophen suchten nach einem materialen Urstoff. Demgegenüber interessierten sich die Pythagoreer für abstrakte Verhältnisse, insbesondere in der Musik und in der Mathematik. Der ontologische Status von Zahlen wurde dabei in der Geschichte des Pythagoreismus unterschiedlich aufgefasst. Drei Positionen lassen sich für uns unterscheiden: Die Prinzipien der Welt und ihrer Objekte sind durch Zahlenverhältnisse bestimmt. Die Prinzipien der Welt und ihrer Objekte sind die Zahlen. Die Welt und ihre Objekte bestehen (materiell) aus Zahlen. Die naturwissenschaftliche Beschreibung der Welt durch Formeln hat hier ihre Wurzeln. So war es auch ein Pythagoreer, Archytas von Tarent, der als erster die Umdrehung der Erde um die Sonne feststellte. Die pythagoreische Schule wird zwar wegen ihrer früheren Gründung zu den Vorsokratikern gerechnet, bestand aber noch lange weiter. So beziehen sich Platon und Aristoteles auf die Philosophie von Archytas und Philolaos von Kroton. Andere bekannte

Pythagoreer waren Alkmaion von Kroton und Hippasos von Metapont.

1.1.4. Heraklit und die Eleaten

Eine der interessantesten philosophischen Auseinandersetzungen der Antike war die zwischen Heraklit und Parmenides. Für Heraklit war das Prinzip der Welt (Logos) ein Streit der Gegensätze, eine ständige Veränderung, also nicht nur ein Sein, sondern auch ein Werden. Von ihm stammt der Satz: „Man kann nicht zweimal in denselben Fluß steigen." Parmenides hingegen hielt alles Werden für Schein, die wirkliche Welt selbst (aletheia) war für ihn und für die von ihm begründete eleatische Schule ein unvergängliches und unveränderliches Sein. Zur eleatischen Schule zählen auch noch Zenon, der vor allem für seine Paradoxa bekannt ist, und Melissos von Samos. Fälschlicherweise wird die Gründung der Schule oft Xenophanes von Kolophon zugeschrieben. Dieser hat sich zwar tatsächlich in Elea aufgehalten, nach heutiger Auffassung ist das aber kein hinreichendes Indiz für einen Zusammenhang mit den Eleaten. Xenophanes ist heute vor Allem bekannt für seine Kritik am griechischen Polytheismus: „Wenn die Pferde Götter hätten, sähen sie wie Pferde aus."

1.2. Die Eleaten im Überblick

Der erste Vertreter der Eleatischen Schule war Xenophanes (ca. 570-477 v. Chr.). Er war hauptsächlich Religions- und Kulturkritiker und kämpfte vehement gegen die von Hesiod und Homer geschilderten Gottheiten. Den vielen Göttern der Mythologie stellte er eine höchste Gottheit gegenüber, die als eine Einheit alles umfasst: „Das Eine ist Alles." (vgl. Vorländer 1963, S. 24f)

Seine Thesen waren auch zentraler Kern der Philosophie von Parmenides und dessen Schüler Zenon, von denen diese Arbeit handelt. In der Art des Philosophierens unterschieden sich die beiden aber sehr von ihrem Vorgänger. Sie versuchten analytisch und logisch durch Beweise und Gegenbeweise ein ontologisches Weltbild aufzustellen, während Xenophanes in erster Linie Dichter und Künstler war. Parmenides und Zenon führten neue Gedanken in die antike Philosophie ein. Sie gelten als Begründer der Didaktik und der Ontologie. Ihre Beweisführung sorgte für großes Aufsehen bei ihren Philosophenkollegen. Die fast unantastbaren Theorien und besonders die faszinierenden und damals unumstößlichen Paradoxien Zenons forderten die anderen Philosophen besonders heraus, fanden aber auch viele Anhänger. Parmenides' Philosophie hat besonders Aristoteles und Platon beeinflusst. Letzterer hat ihm sogar den Dialog „Parmenides" gewidmet.

2. Zenon von Elea

2.1. Biographische Angaben

Zenon (auch **Zeno**) von Elea, auch der Ältere, (* um 490 v. Chr. in Elea, † um 430 v. Chr. vermutlich in Elea oder Syrakus), war ein griechischer Philosoph.

Er war Freund und Schüler des Parmenides von Elea und wird unter die Vorsokratiker eingeordnet. Er sah seine Hauptaufgabe darin, die Lehre des Parmenides gegen kritische Einwände zu verteidigen. Dabei erlangte er eine überaus scharfsinnige und überzeugende Kunst der Beweisführung. Er wird zuweilen auch als Gründer der Dialektik angesehen. Zenon beschäftigte sich vor allem mit dem Problem des Kontinuums, insbesondere dem Verhältnis von Raum, Zeit und Bewegung. Dies schlug sich nieder in mindestens 10 (Proklos berichtet von 40) Paradoxa (Aporien), von denen 10 indirekt überliefert sind. Die bekanntesten sind das Paradox von Achilles und der Schildkröte (Achilles und die Schildkröte), die damit verwandten Paradoxa des Nicht-ans-Ziel-kommen-Könnens (Teilungsparadoxon) und des Nicht-Weglaufen-Könnens sowie das Pfeil-Paradoxon.

Es ist anzunehmen, dass Zenon mit seinen Gedankengängen die Philosophie seines Lehrers Parmenides („Es gibt nur das Unendlich Eine und alle Bewegung ist nur Illusion") verteidigen wollte.

Zenon hatte seine Blütezeit um 460 vor unserer Zeit und soll - nach Platon der Geliebte, - nach Apollodor ein Adoptivsohn des Parmenides gewesen sein. Auch er war sowohl als Staatsmann, wie auch als Philosoph in Elea sehr angesehen. Zu seinen eigenen Hörern soll auch Perikles gehört haben.

2.2. Bedeutsamkeiten seiner Lehre

Es war Zenon ein großes Anliegen, die Lehre des Parmenides weiter zu begründen und u. a. gegen die Pythagoreer zu verteidigen. Dazu verwendete er eine von ihm entworfenen Methode, mit der er gegnerische Annahmen und Kritiken als widerspruchsvoll nachzuweisen suchte: Zunächst ließ er eine Grundannahme der Gegner zu, z.b. Bewegung existiere. Von dieser Behauptung ausgehend, suchte Zenon nach zwei Schlüssen, die sich gegenseitig widersprachen. Dies führte als Konsequenz dazu, dass auch die Grundannahme hinfällig sein müsse, und somit der Gegner seine These nicht verifiziert sah.

Mit diesem so genannten hypothetischen Verfahren, welches manche Denker als bloße Argumentationsakrobatik abtun, führte er Beweise gegen die Vielheit und Bewegung des Seienden.

Die eleatische Philosophie hat durch Zenon den eristischen und dialektischen Charakter erhalten.

Des Weiteren ging er „[...] von der unendlichen Teilbarkeit des Raumes aus", womit er den Grundstein der Infinitesimalrechnung legte.

3. Zenons Paradoxien

Zenons Paradoxa sind kritisch und destruktiv, haben aber einen immens philosophischen Gehalt und machen ihn daher zu einem der großen Vorsokratiker.

Paradoxon stammt etymologisch vom altgriechischen Wort „das Unerwartete" ab. Es ist eine der allgemeinen Meinung entgegengesetzte Aussage. In der Physik bezeichnet man mit Paradoxon gerne Ergebnisse von Gedankenspielen, die unerwartet den physikalischen Gesetzen - scheinbar oder auch tatsächlich - widersprechen.

3.1. Das Dichotomie- (Halbierungs-)paradoxon

Als bekanntestes und eindruckvollstes Paradoxon von Zenon gilt die Dichotomie. Das amüsante Ergebnis dieses Paradoxon wäre laut Zenon, dass keine Strecke zu überwinden sei. Will man eine Distanz überwinden, muss erst der halbe Weg zurückgelegt werden, anschließend die nächste Hälfte und so fort.

Setzt man die Distanz mit eins an, erhält man folgende Reihe: $1/2 + 1/4 + 1/8 + \ldots$ Man gelangt nie am Ziel an, denn es bleibt immer noch ein Rest zu gehen.

Die Konvergenz dieser obigen Reihe ist natürlich eins. Man nimmt aber nicht an, dass Zenon dieses Resultat nicht kannte, sondern versucht vielmehr seinen Argumenten logisch zu entgegnen. Zenons These zeigt die Schwierigkeit des Gedanken eines Kontinuums, das aus getrennten Teilen zusammengesetzt ist. Aristoteles nahm diese Argumente ernst und entwickelte eine eigene Theorie des Kontinuums.

Die Möglichkeit der unendlichfachen Teilbarkeit einer Strecke wird nur von wenigen Logikern und Philosophen (David Hume) bestritten. Laut Immanuel Kant sind Zeit und Raum Anschauungsformen unserer Wahrnehmung a priori, das heißt, sobald wir uns Menschen unendliche Große oder infinitesimal kleine Strecken vorstellen, verstricken wir uns in unlösbare Widersprüche. Dagegen sagt Paul Valéry, Zenon von Elea kommentierend aus: „Man kann von Hälfte sprechen, erst nachdem man das Ganze betrachtet, das heißt überschritten hat. Um die Bewegung im Ansatz zu verhindern, teilt oder setzt man sie. Den Raum zu überwinden erfordert nur eine Bewegung". Hegel wies auf folgendes Wahrnehmungsproblem hin. Sobald wir eine Hälfte uns vorstellen, haben wir bereits das Ganze betrachtet. Da wir quasi die erste Hälfte der Strecke überwinden können, werden wir auch das Ganze an sich überschreiten. Somit ist die Fragestellung des Paradoxon bereits widersprüchlich und kann somit nur zu widersprüchlichen Resultaten führen.

Vielmehr versuchten Logiker, das zweite Argument von Zenon zu entkräften. Allerdings stellte erst die Infinitesimalrechnung den mathematischen Rahmen bereit, in dem Zenons Problem befriedigend lösbar ist. Zenons Schwierigkeiten ergaben sich aus dem Versuch, Kontinuierliches aus unendlich vielen kleinen Teilen zusammengesetzt zu denken. So sind selbst die kleinste Teile der Reihe kleiner Null und werden in Summe am Ende von unendlich vielen, auch wenn infestimalen Schritten, sicherlich 1 ergeben.

Es ergibt sich für jeden immer kleineren Abschnitt die Möglichkeit, ihn in immer kleineren Zeiten zu durchlaufen. Somit ist die gewollte Distanz überschritten.

3.2. Achilles und die Schildkröte

Achilles und die Schildkröte ist auch als **Stadium - Paradoxon** bekannt und erweist sich bei näherer Betrachtung als eine plastische Version der Dichotomie. Zusätzlich zur Teilung der Bewegung des Einzelnen erhält man hier eine so genannte Relativbewegung durch die beiden Konkurrenten Achilles und die Schildkröte.

Die Schildkröte hat beim Wettlauf Achilles gegenüber einen Vorsprung. Zenon behauptet der schnellfüßige Achilles könnte diesen Rückstand auch einer Schildkröte gegenüber niemals aufholen. Sobald Achilles seinen Rückstand der Schildkröte gegenüber aufgeholt hätte, wäre die

Schildkröte immer noch ein Stück weiter. Achilles hätte also diese weitere neu von der Schildkröte inzwischen überwundene Strecke noch vor sich und immer so fort.

Dieses Paradoxon lässt sich analog zu dem der Dichotomie lösen.

Eine logische Analyse zeigt, dass Zenon, um folgerichtig zu sein, den Weg des Achilles in immer kürzere Abschnitte einteilt, die unendlich klein werden. In Gedanken kann man das machen, in der Praxis lässt sich das aber nicht realisieren, da der Weg den der Achilles durchläuft eine Teilungsgrenze hat, z. B. ein Molekül oder Atom.

Aristoteles sagt, dass Achilles die Schildkröte überholen wird, wenn es ihm gelingt, "die Grenze zu überschreiten".

Hegel hielt die Antwort des Aristoteles für richtig, „denn in Wirklichkeit wird die Hälfte hier (auf einer gewissen Stufe),Grenze'".

Zenon vergaß zusätzlich, die Bewegungszeit in unendlich kleine Abschnitte zu teilen. Berücksichtigt man das, ergibt sich für jeden immer kleineren Abschnitt eine immer kleinere Zeit ihn zu durchlaufen.

Im Jahre 1928 schrieb der Mathematiker Weil in seinem Buch *Philosophie in der Mathematik* über die Achilleusparadoxie: Falls man entsprechend der Zenonparadoxie die Strecke der Länge 1 aus einer unendlichen Menge von Strecken der Längen 1/2, 1/4, 1/8 ... bilden könnte, deren jede als Ganzes genommen wird, müsste es auch möglich sein, dass eine Maschine, die in der Lage ist, diese unendlich vielen Strecken in einer endlichen Zeit zu durchlaufen, in einer endlichen Zeit eine unendliche Folge von Entscheidungsakten durchführen kann, indem sie z. B. das erste Ergebnis nach 1/2 Minuten, das zweite 1/4 Minute nach dem ersten, das dritte 1/8 Minute nach dem zweiten usw. liefert. Auf diese Weise wäre es möglich, im Unterschied zum Wesen des Unendlichen, auf rein mechanischem Wege die ganze Reihe der natürlichen Zahlen zu durchlaufen und alle an sie gerichteten Existenzfragen vollständig zu beantworten.

3.3. Das Paradoxon des fliegenden Pfeils

Im Paradoxon des fliegenden Pfeils, das dritte der Zenonschen Paradoxien, zeigt Zenon von Elea, dass der Pfeil stillsteht. Denn zu jedem Zeitpunkt befindet er sich an einer bestimmten Stelle. Er bewegt sich nicht dort, wo er ist, und auch nicht, wo er nicht ist. Er bewegt sich deshalb gar nicht.

„Der fliegende Pfeil ruht. Denn falls etwas ruht, wenn es einen ihm selbst entsprechenden Raum einnimmt, und wenn etwas Fliegendes jederzeit einen ihm selbst entsprechenden Raum einnimmt, dann kann es sich nicht bewegen."(Aristoteles, Physik)

Da der Pfeil in jedem Augenblick dort ist, wo er sich gerade befindet, ist der Pfeil auf seinem Fluge immer im Zustand der Ruhe. Er bewegt sich daher nicht. Daher ist Bewegung eine Illusion.

Heraklit und Bergson erklären, es gäbe den dynamischen Flug, jedoch keinen Pfeil, den man momentan statisch einfrieren könne. Die Sinnlosigkeit dieser Auffassung beruht laut Edmund Russel lediglich auf Heraklits und Bergsons Formulierung: Bewegung besteht aus sich Bewegendem, aber nicht aus Bewegungen. Aristoteles fand auf die Frage, wie es möglich sei, dass sich etwas bewege und trotzdem einen fixen Platz einnehme eine quantenmechanische Antwort: Es sei nicht möglich.

3.4. Das Paradoxon von Reihen in der Bewegung

Im Paradoxon von den Reihen in Bewegung, das von Zenon von Elea gefunden wurde und ebenfalls zu den Zenonschen Paradoxien gehört, treten drei Körper auf, die aus vier unteilbaren Raumatomen bestehen, AAAA, BBBB und CCCC. Der erste ruht, während sich die beiden anderen gleich schnell in entgegengesetzte Richtungen bewegen. B braucht nun einen unteilbaren Augenblick, ein A zu passieren; aber da BBBB und CCCC AAAA gleichzeitig passieren, passieren sie auch einander, und während ein B zwei Augenblicke braucht, um zwei A zu passieren, passiert es auch die vier C.

Wir müssen nun entweder sagen, dass ein B ein C im Laufe einer halben Zeiteinheit passiert oder dass B vier Zeiteinheiten braucht, um CCCC zu passieren. Das erste widerspricht der Unteilbarkeit der Zeiteinheiten, und im letzteren Fall müssen wir zwei Augenblicke vier Augenblicken gleichsetzen oder die ganze Zeit mit der halben.

Konstruktive Lösung von Zenons Paradoxien

Problem: Kann Achilles die Schildkröte überholen?

Achilles ist der schnellste Läufer in ganz Griechenland. Zenon legt ihm folgendes dar:

„Hör mal, ich habs mir genau überlegt. Es ist egal, wie schnell Du laufen kannst, Du kannst kein Rennen gegen meine Schildkröte gewinnen, wenn Du ihr nur einige Meter Vorsprung gewährst."

„Mach Dich nicht lächerlich …"

„Ich wills Dir erklären. Bis Du dort bist, wo sie startet, ist sie bereits etwas weiter, weil sie ja auch nicht still steht in der Zeit, die Du brauchst um dorthin zu kommen. Bis Du wiederum dort bist, wo sie zuvor war, ist sie wieder etwas weiter ... Merkst Du, dass Du sie gar nie einholen kannst?"

Achilles, der Schnellste, der noch nie ein Rennen verloren hatte, liess sich nur leicht verunsichern. Weil aber Zenon immerhin auch in seinen Augen eine geistige Autorität war, machte er von Zeit zu Zeit ein kleines Rennen gegen seine eigene Schildkröte - nur um sicher zu sein.

Sicher sein ist eben das A und das O auf unserer Welt.

Zenon dagegen, der genau wusste, wie die Rennen von Achilles gegen seine Schildkröte ausgingen, hintersinnte sich über seiner Aufgabe fast - wie übrigens nach ihm viele weitere Philosophen. Einige dieser Philosophen - nicht die geringsten - legten recht schlaue Lösungen vor:

Zuerst Aristoteles, dem wir die Überlieferung von Zenons Texten überhaupt verdanken. Aristoteles argumentierte, man könne eine Strecke nur potentiell beliebig häufig teilen, in Wirklichkeit dagegen sei dies nicht möglich, weshalb Achilles über kurz oder lang aufschließen müsse. Achilles hörte wohl, was Aristoteles erzählte, er ließ sich aber von seinen kleinen Rennen nicht abhalten, weil er als normaler Mensch mit Aristoteles Potentialität nicht viel anfangen konnte, obwohl sie seine Erfahrungen bestätigt hätten.

Etwas später als Aristoteles behauptete Leibniz (für Mathematiker offenbar glaubhaft), die Summe der Folge 1 / 2n von 1 bis unendlich, also 1/2 + 1/4 + 1/8 +... sei gleich 1. Jeder der nachrechnet, statt sich auf waghalsige mathematische Theorien zu verlassen, wird finden, dass das so nicht stimmt (Unendlichkeit und Limes hin oder her) und ohnehin nur das Aufholen, nicht aber das Überholen der Schildkröte durch Achilles erklären würde.

Deshalb haben noch später unter vielen andern auch Kant, Bergson und Feyerabend magische Vorschläge zur Lösung des Paradoxons gemacht. Achilles hatte inzwischen schon längstens tödliche Gewissheit, so dass er seine Rennen nicht mehr austragen musste. Würde er aber noch leben, hätte er sich weder von Kant noch von Bergson oder irgendeinem andern Philosophen von seinen heimlichen Rennen gegen seine Schildkröte abhalten lassen.

4. Literaturverzeichnis

Buchheim, Thomas (1994): Die Vorsokratiker. Ein philosophisches Porträt. München; C. H. Beck Verlag.

Capelle, W. (1968): Die Vorsokratiker; Stuttgart; Alfred Kröner Verlag.

Ferber, Rafael (1995): Philosophische Grundbegriffe. Eine Einführung. München; C. H. Beck Verlag

Ferber, Rafael (1995): Zenons Paradoxien der Bewegung und die Struktur von Raum und Zeit. Stuttgart; Franz Steiner Verlag

Ferber, Rafael: Zenon von Elea und das Leib-Seele-Problem. In: Allgemeine Zeitschrift für Philosophie 23 (1998) S. 231-246.

Gadamer, H.-G. (1995: Philosophisches Lesebuch-Band 1.Frankfurt; Fischer Taschenbuch Verlag.

Hägler, Rudolf-Peter (1983): Platons Parmenides : Probleme der Interpretation. Berlin: Walter de Gruyter Verlag.

Mansfeld, Jaap (1987): Die Vorsokratiker. Ditzingen; Reclam Verlag.

McLaughlin, William I. (1995): Eine Lösung für Zenons Paradoxien. In: Spektrum der Wissenschaft H. 1, S. 66-71.

Nestle, W. (1956): Die Vorsokratiker; Düsseldorf; Eugen Diedrichs Verlag.

Prauss, Gerold (1966): Platon und der logische Eleatismus. Berlin; Walter de Gruyter Verlag

Rapp, Christof (1997): Vorsokratiker. München; (Beck'sche Reihe Denker; 539).

Sainsbury, R.M.(2001): Paradoxien. Erweiterte Ausgabe. Stuttgart; S. 15-40. [Exzerpt]

Volkmann- Schluck, K.-H. (1992): Die Philosophie der Vorsokratiker: Der Anfang der abendländischen Methaphysik. Würzburg: Königshausen & Neumann Verlag